Clémentine 2

Méthode de français pour les petits

E. Ruiz Félix - I. Rubio Pérez
Directrice d'ouvrage : H. Vanthier

CLE
INTERNATIONAL

Tableau des contenus

UNITÉS	COMMUNICATION
  **UNITÉ 0** Bienvenue ! *Page 4*	Se présenter Saluer/Prendre congé Présenter sa famille
UNITÉ 1 Mes copains ! *Page 10*  	Décrire quelqu'un
  **UNITÉ 2** Ma chambre à moi ! *Page 20*	Décrire sa chambre Parler de ses vêtements
UNITÉ 3 Action ! *Page 30*  	Parler de ses activités extra-scolaires L'anniversaire
  **UNITÉ 4** À table ! *Page 40*	Identifier les repas Les différentes étapes d'une recette
UNITÉ 5 En ville *Page 50*  	Parler des lieux de la ville Faire ses courses
  **UNITÉ 6** En voyage *Page 60*	Savoir nommer les saisons Savoir nommer les animaux sauvages Savoir nommer les paysages

Pour la version internationale : © CLE international, 2018
ISBN : 978-209-038372-0

Pour l'Espagne : © CLE international, 2018.
ISBN : 978-84-698-4655-1

GRAMMAIRE	LEXIQUE	PROJET
Je m'appelle et toi ? *J'ai un frère, j'ai une sœur.* *Je n'ai pas de frère.* *C'est mon chien.*	Bonjour/Au revoir/Comment ça va ? • *Jaune, rose, vert, bleu, rouge* • *La voiture, l'avion, le vélo* • *Le papa, la maman, le frère, la sœur, le papi, la mamie* • *Le chien, le chat, la tortue, le poisson rouge*	
J'aime/Je déteste *Il a les cheveux blonds, roux, noirs…* *C'est mon copain.* Rappel : *Il est grand/petit.* Rappel : *la chambre, le pantalon, la robe, la jupe, le pull*	• *Les yeux (noirs), les cheveux noirs/ blonds/roux* • *Le professeur, le tableau* Rappel : *les bras, les mains, les jambes, la tête, les pieds, le crayon, le cartable, le livre.*	Le petit danseur
Chez moi/Dans ma chambre *Il y a un/une* *Où est… ? Dans l'armoire, sous le lit* Rappel : *Il a/Elle a un pull bleu.*	• *Le lit, l'armoire, l'ordinateur, la table, la chaise, la poupée* • *Le manteau, les chaussures* Rappel : *la chambre, le pantalon, la robe, la jupe, le pull*	Mon tee-shirt décoré
Qu'est-ce que tu aimes ? *Aujourd'hui, c'est mon anniversaire !* *J'aime le foot/Je déteste le foot (le judo, la natation, la danse).* *Joyeux anniversaire !* Rappel : *J'ai 7 ans.*	• *Le foot, la natation, la danse, le judo* • *Le gâteau, la bougie* *Joyeux anniversaire !* Rappel : *le cadeau, le clown, le jardin, le salon*	Les guirlandes d'anniversaire
C'est bon ! C'est mauvais ! *C'est très bon !*	• *Le petit-déjeuner, le déjeuner, le goûter, le dîner* • *Le lait, la farine, les œufs, le sucre* • *Verse, ajoute, mélange…* Rappel : *la cuisine, le gâteau*	La toque du chef
Je voudrais… s'il vous plaît. *Combien ça coûte ? 3 euros.*	• *La piscine, le supermarché, le parc, la bibliothèque* • *Le feu rouge, le feu vert, le policier* • *La tomate, la banane, l'orange* • *Les nombres de 7 à 10* Rappel : *les nombres de 1 à 7*	Tutti frutti
Il y a/Il n'y a pas de *En été/En hiver/Au printemps/ En automne* Rappel : *il fait beau, il fait froid, il pleut.*	• *L'été, le printemps, l'automne, l'hiver* • *Le lion, le tigre, la girafe, le crocodile, le zoo* • *La mer, la montagne, la ville, la plage*	Le poster de la classe

Leçon 1 Bonjour !

1. Écoute et montre. Qui parle ?

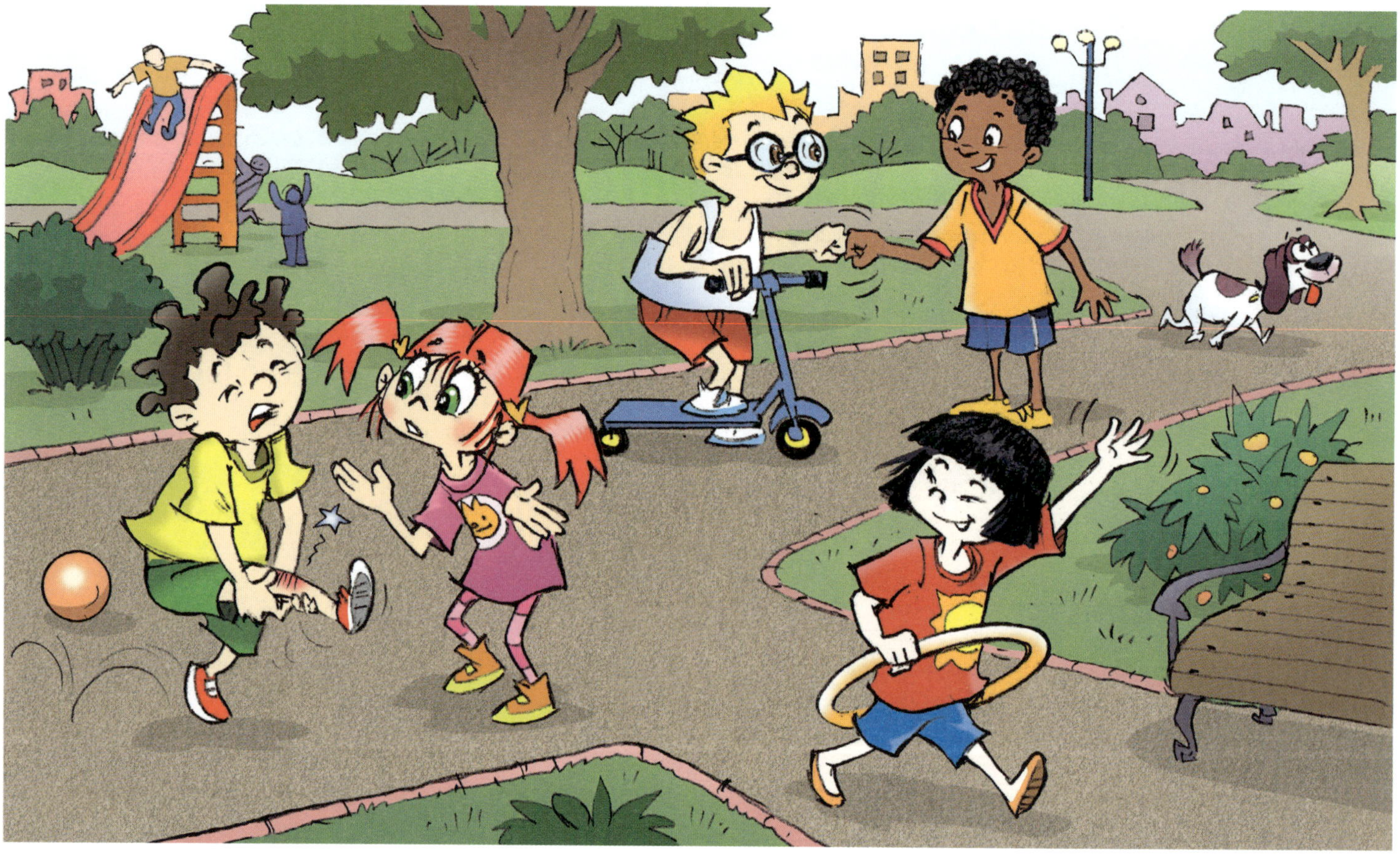

2. Écoute et chante.

Bienvenue et bonjour
à Clémentine,

Bienvenue et bonjour à Clémentine,
Je m´appelle Clémentine,
Bienvenue et bonjour.

3. Écoute et entoure.

1.

2.

3.

4.

4. Écoute et colorie.

Leçon 2 C'est mon papa

1. Écoute et numérote.

2. Léo présente sa famille.

C'est…

3. Écoute et entoure.  a. b.

a.

b.

4. Écoute et relie.

a.

b.

1.

2.

Leçon 3 J'ai un grand chien

1. Écoute et numérote.

2. Écoute et colorie.

3. Écoute et chante.

Papi dans la maison, papi dans la maison
Ohé, ohé, ohé
Papi dans la maison.

Papi
dans la
maison

Leçon 1 Il a les bras verts

1. Écoute et montre. 🎧 11

a.

b.

2. Écoute et chante.

C'est un petit garçon,
Il s'appelle Gabi,
Il s'appelle Gabi.
Il a les cheveux noirs
Et il a les yeux bleus.
C'est mon copain Gabi
C'est mon copain Gabi
La,la,la,la,la,la,la,

3. Écoute et numérote.

4. Écoute et colorie. 🎧14 ✏️

5. Joue et devine.

Il a les cheveux roux et les yeux bleus.

Leçon 2 Toto déteste les chats

1. Écoute et montre.

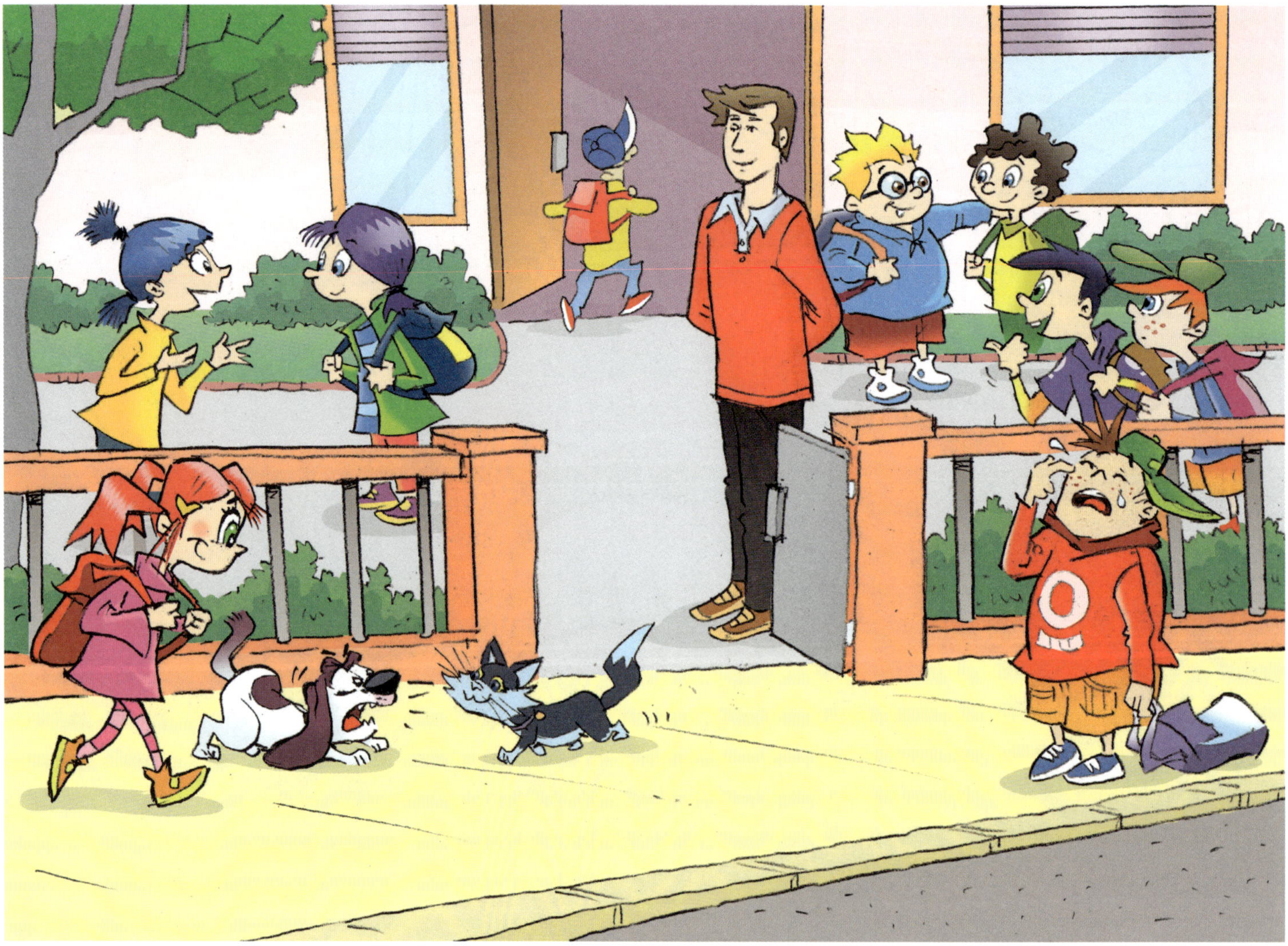

2. Observe et dis : « J'aime » ♡ ou « Je déteste » ♡̸

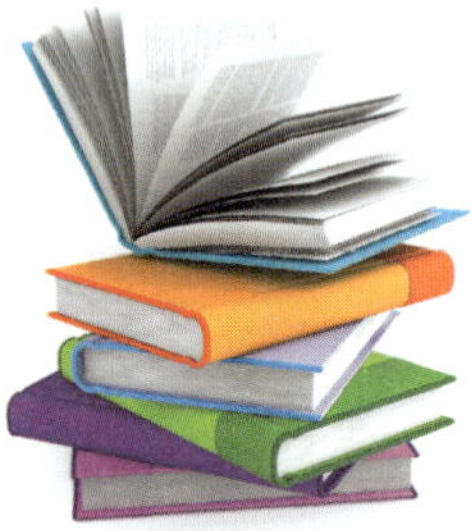

3. Écoute et numérote.

4. Écoute et dessine.

5. Écoute et chante.

Dans mon école,
Le professeur dit
Apportez au tableau
Une gomme et un crayon
Une gomme et un crayon

Leçon 3 Clémentine a des yeux jaunes

1. Écoute et observe.

2. Décris Gabi, Clémentine et Thomas dans la vignette 6.

3. Écoute et entoure.

a.

b.

c.

g.

d.

e.

f.

4. Colorie et dis.

Leçon 4 Le professeur a les cheveux noirs

1. Observe et compte.

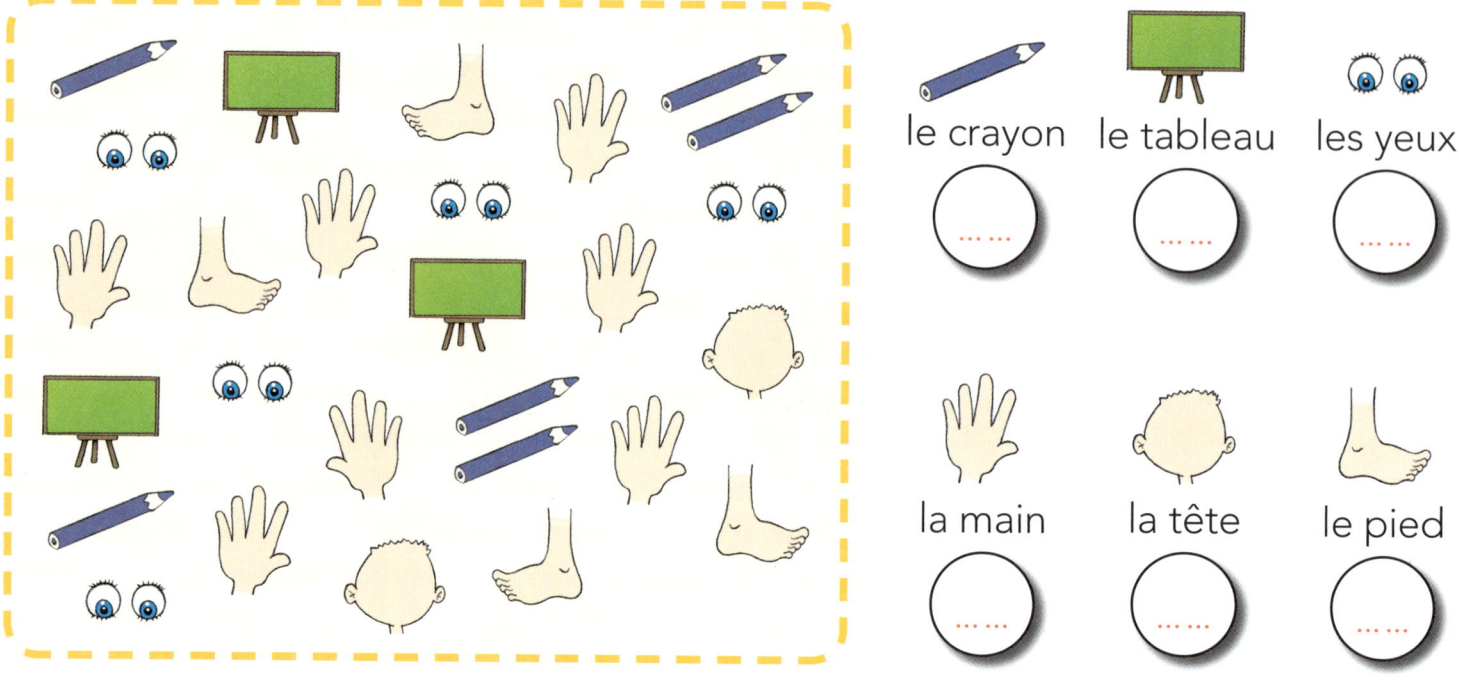

le crayon   le tableau   les yeux

la main   la tête   le pied

2. Trace.

les yeux – les pieds – la tête

3. Écoute et numérote.  21

4. Écoute et chante.

La danse du Limousin

Et nous allons danser la danse du Limousin
Et nous allons danser la danse du Limousin

Le petit Limousin a dit :
« Mains sur la tête »

LE PETIT DANSEUR

a. Découpe.

b. Colorie.

c. Attache les différentes parties.

19

Leçon 1 Dans ma chambre

1. Écoute et montre.

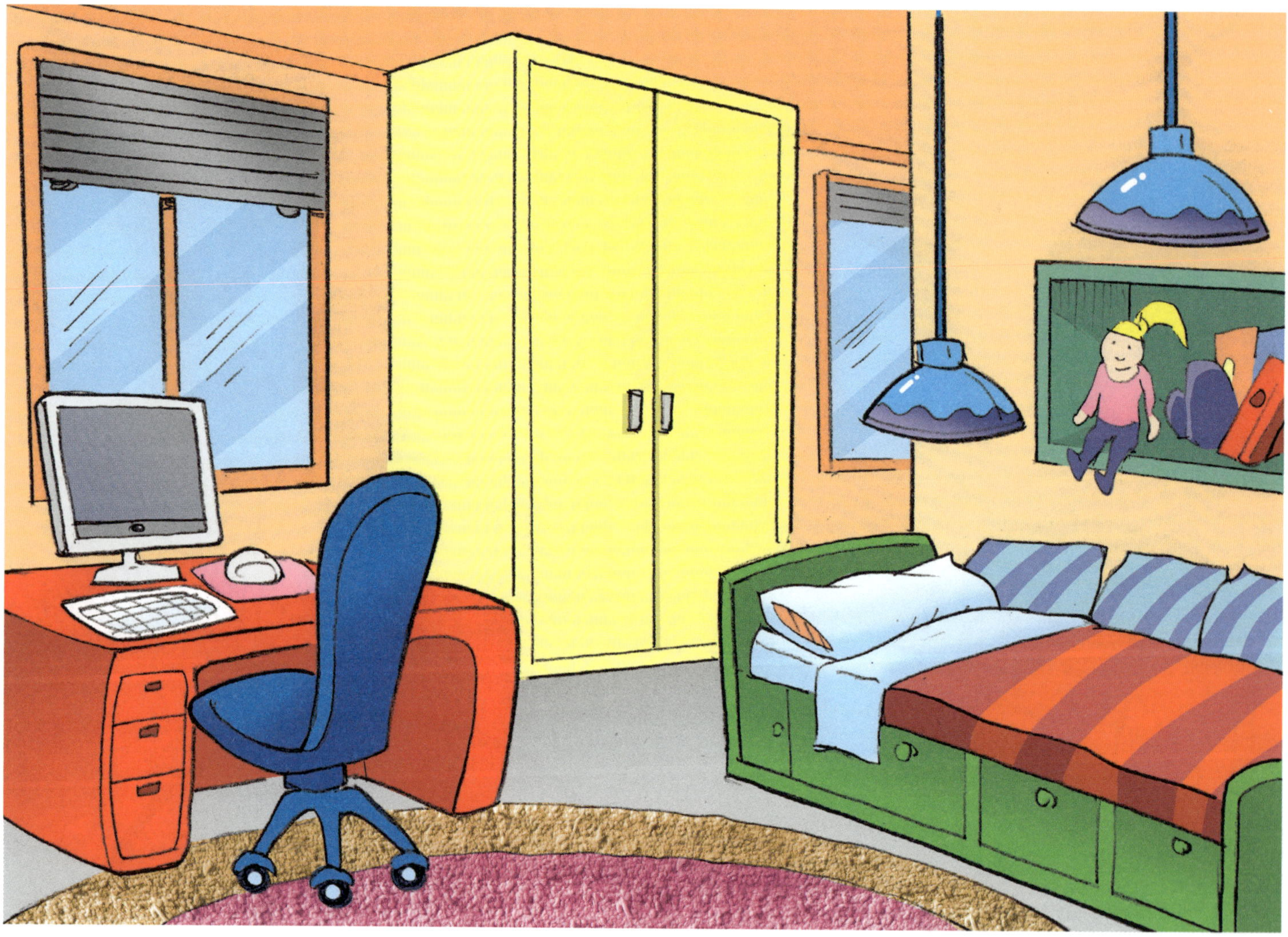

2. Écoute et chante.

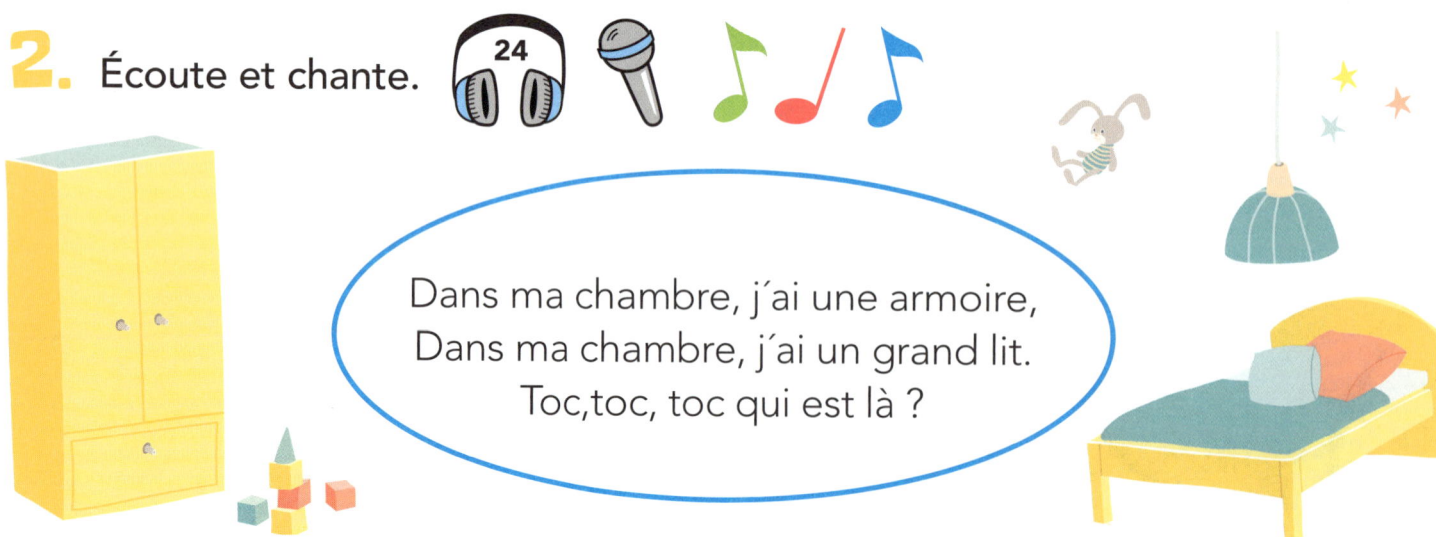

Dans ma chambre, j'ai une armoire,
Dans ma chambre, j'ai un grand lit.
Toc, toc, toc qui est là ?

3. Écoute et entoure.

a.

b.

c.

d.

e.

f.

g.

h.

4. Observe et dis.

Leçon 2 Elle porte une robe jaune

1. Écoute et montre.

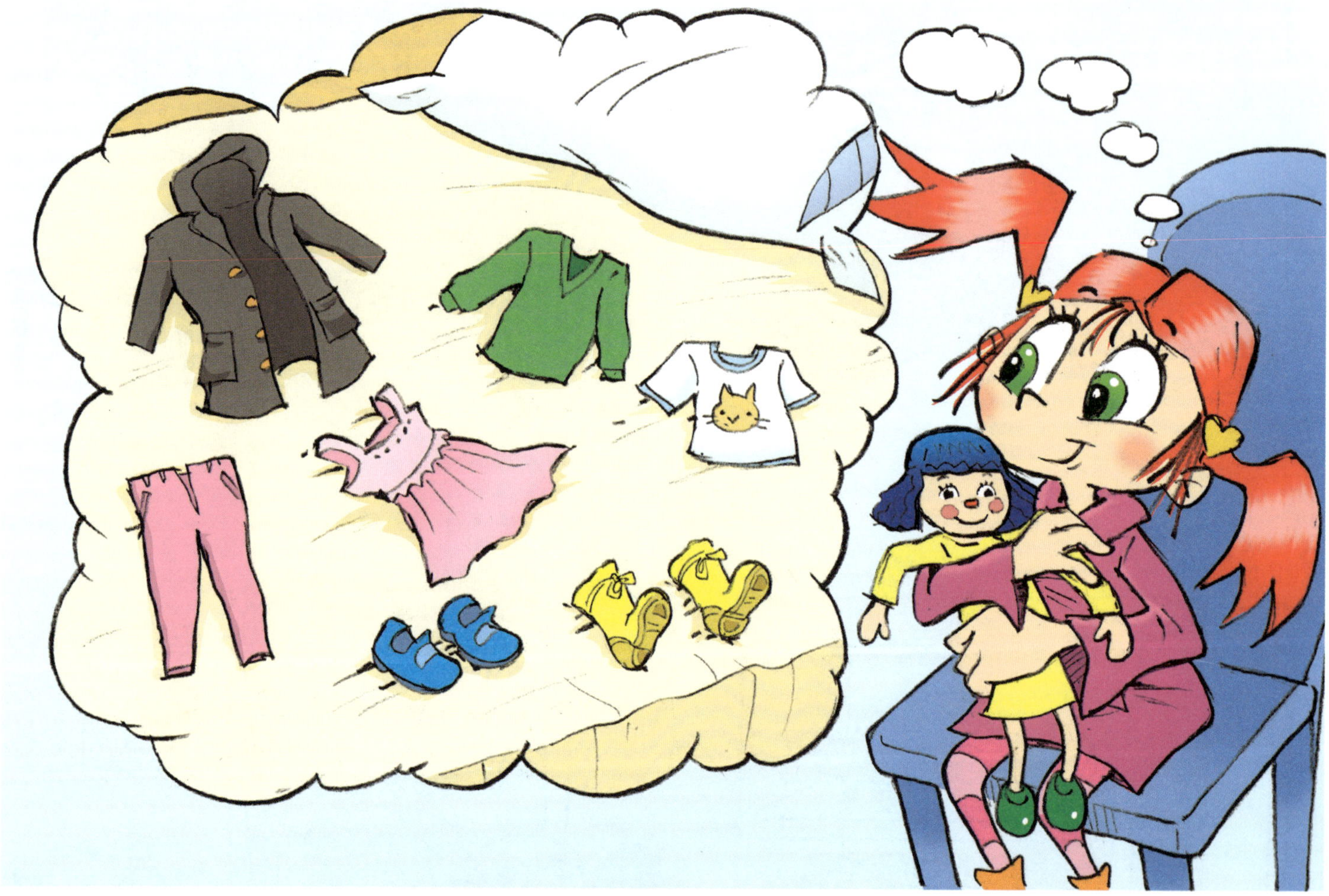

2. Joue.

3. Écoute et colorie.

4. Trouve les 5 différences.

a.

b.

Leçon 3 Où est mon manteau ?

1. Écoute et montre.

2. Écoute et entoure.

1.

2.

3. Dessine et décris ta chambre.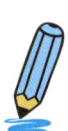

Leçon 4 Chez moi

1. Observe et dis.

2. Relie et trace.

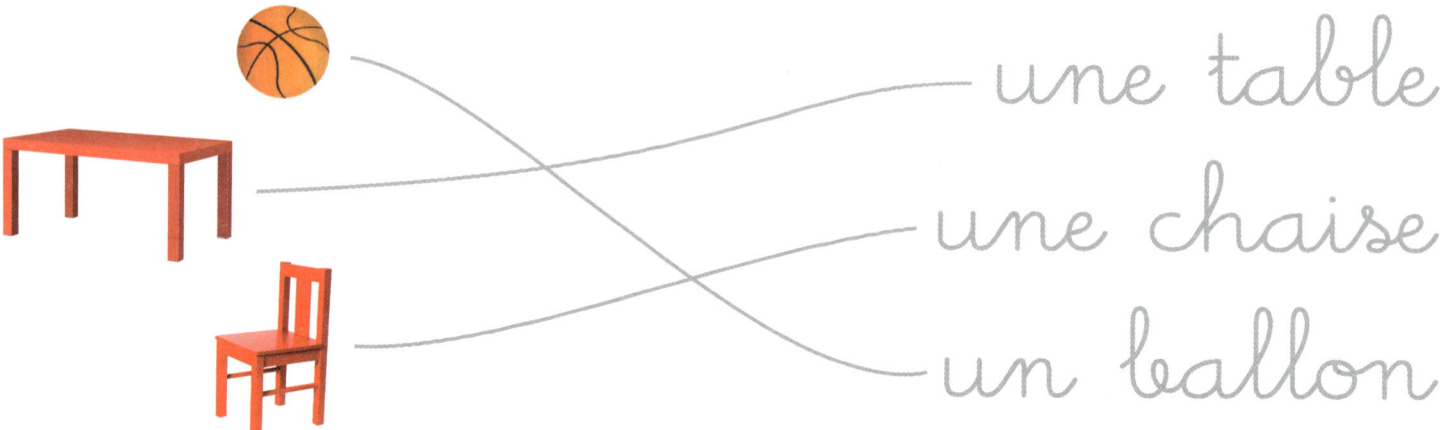

une table
une chaise
un ballon

3. Écoute et chante. 🎧 30 🎤

Où est ma chaussure ?

Maman, où est ma chaussure ?
Sous le lit, Clémentine.
J'ai des chaussures noires,
J'aime mes chaussures.
Et, la, la, la, la, la.

MON TEE-SHIRT DÉCORÉ

a. Prends un tee-shirt blanc.

b. Prends un tissu rouge.

c. Découpe un motif.

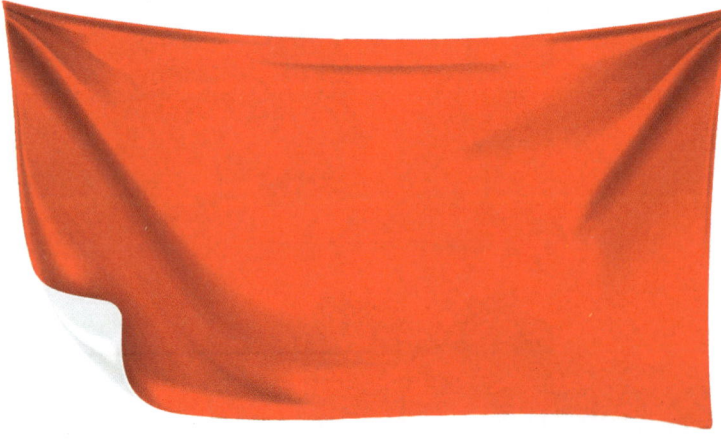

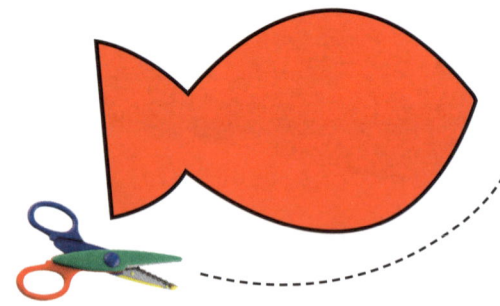

d. Colle le motif sur ton tee-shirt.

D'autres motifs

Leçon 1 J'aime la danse

1. Écoute et montre.

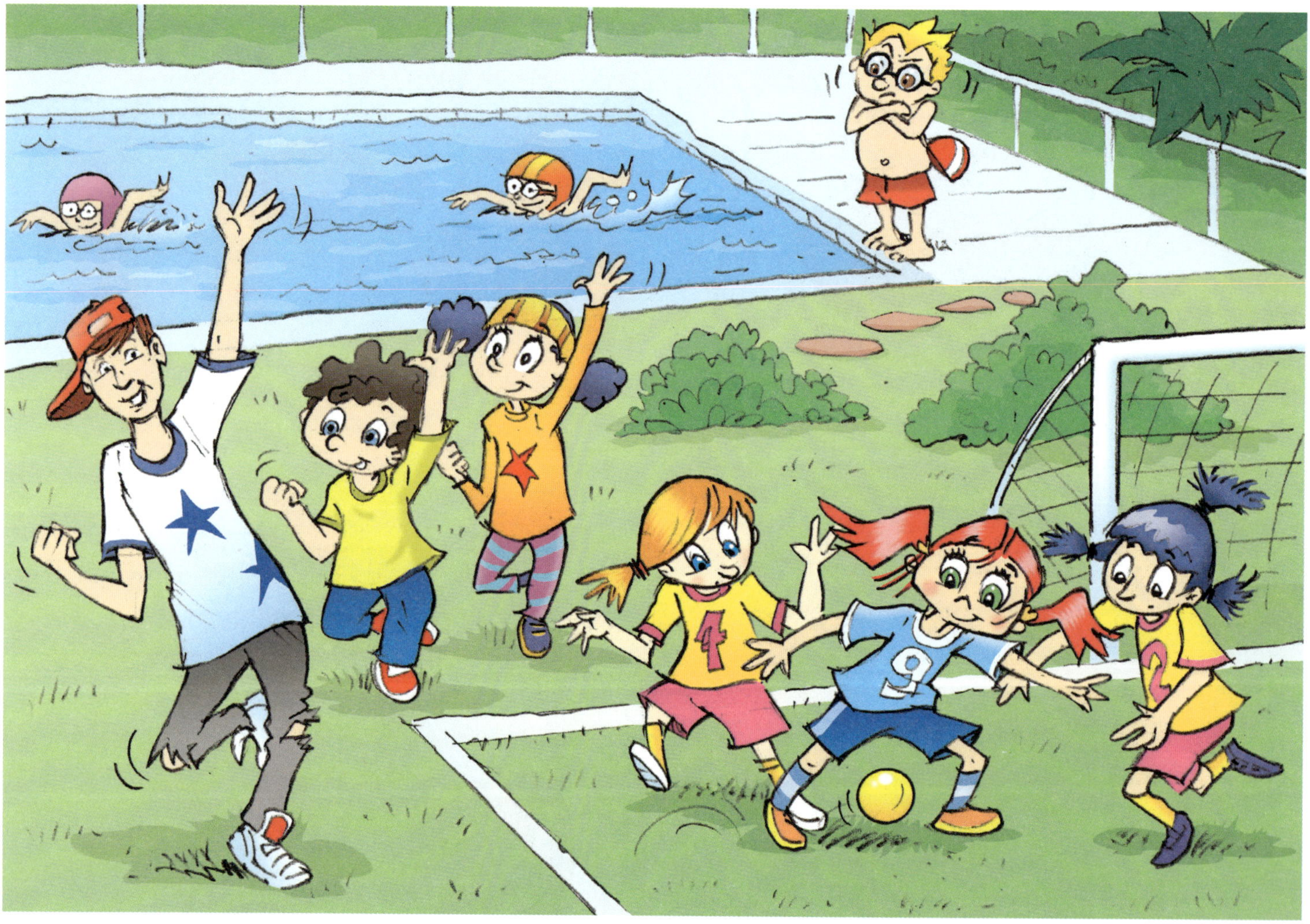

2. Écoute et chante.

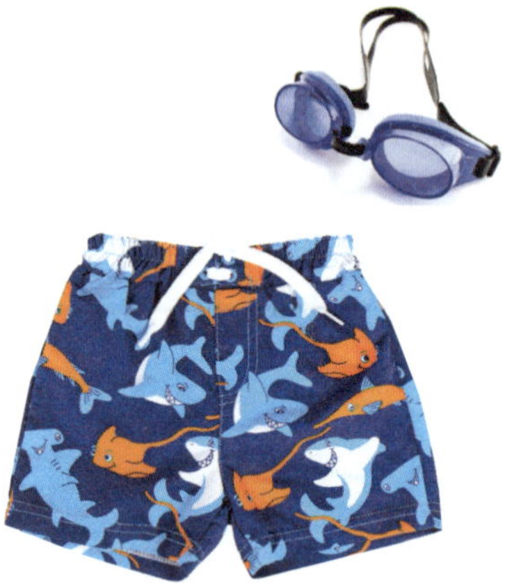

J'aime bien la natation,
Le judo et la danse.
Íe déteste la natation,
Le judo et la danse.

3. Écoute et relie.

1.

a.

2.

b.

3.

c.

4. Écoute et dessine  ou  .

Leçon 2 Joyeux anniversaire, Clémentine !

1. Écoute et montre.

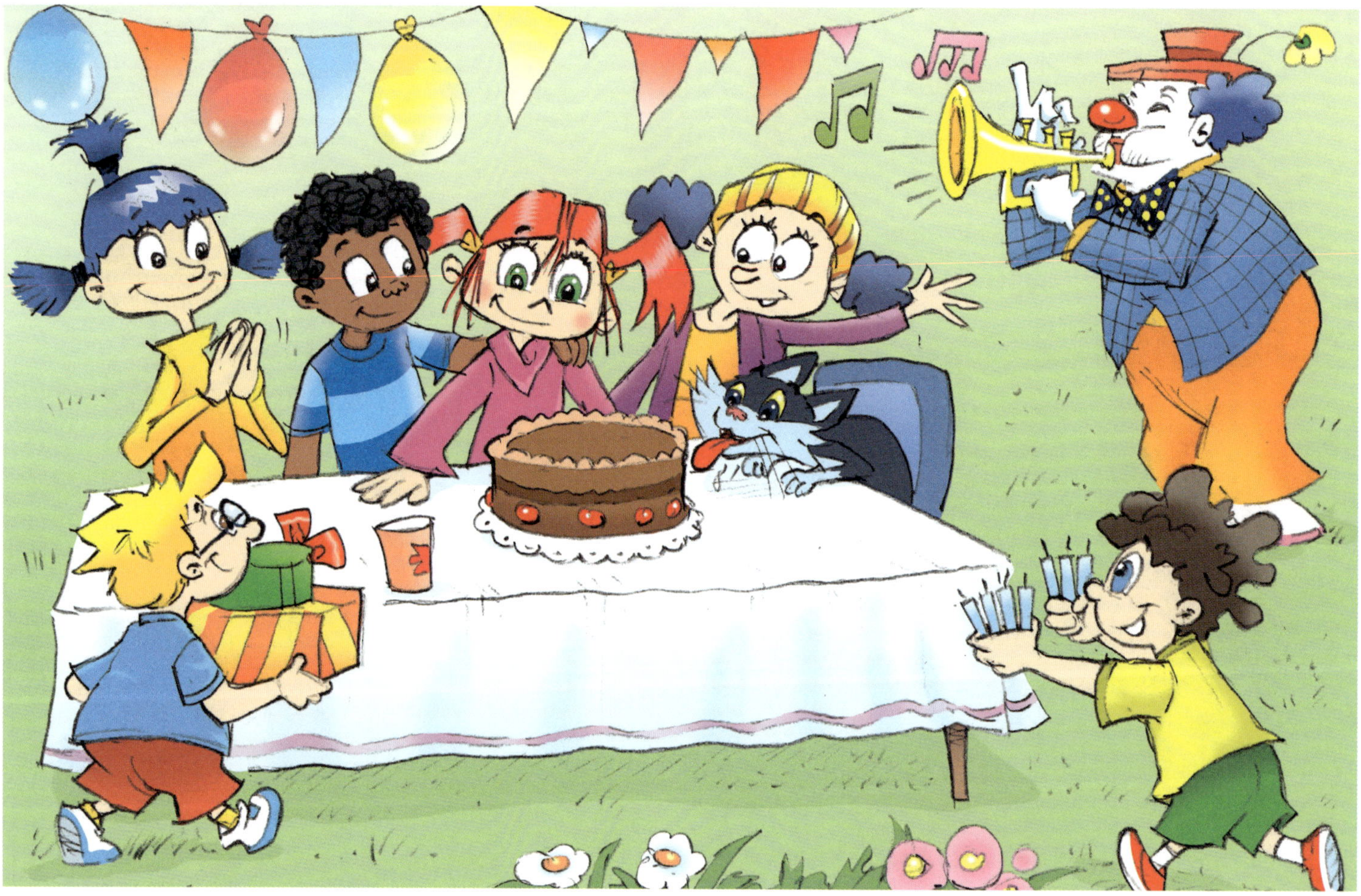

2. Nomme les différences.

3. Écoute et coche.

1.

 ☐

 ☐

2.

☐

 ☐

3.

☐

 ☐

4.

☐

 ☐

Leçon 3 Je déteste le foot

1. Écoute et montre.

2. Mime et joue.

3. Trace.

J'aime la natation.
Je déteste le judo.
J'aime la danse.
Je déteste le foot.

Leçon 4 Sept bougies et un clown

1. Écoute et numérote. 38

2. Écoute et colorie. 39

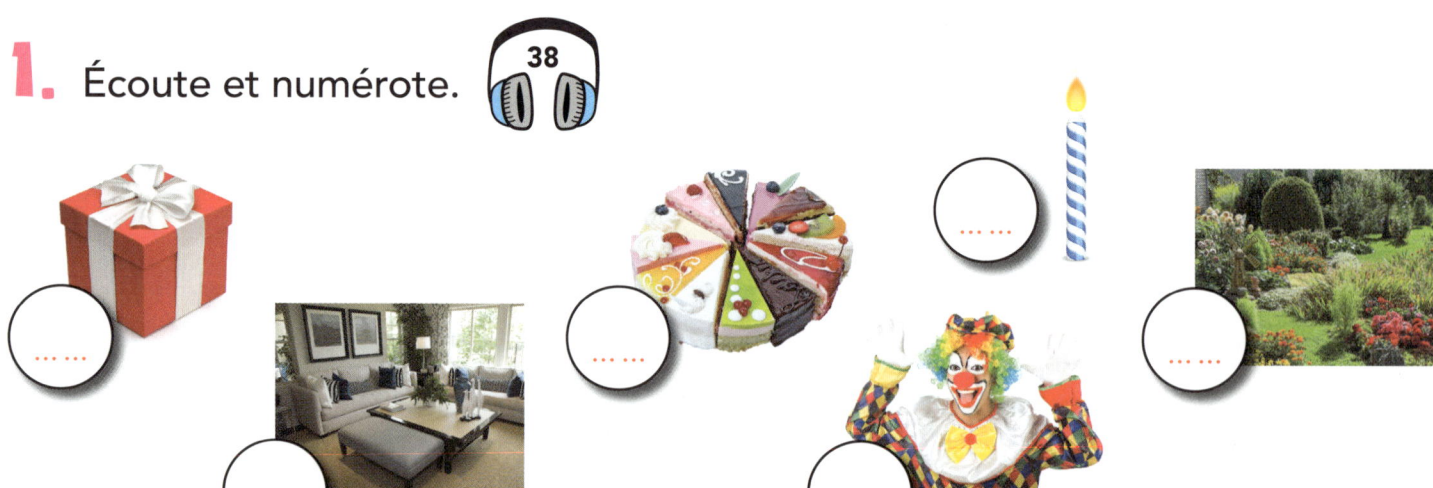

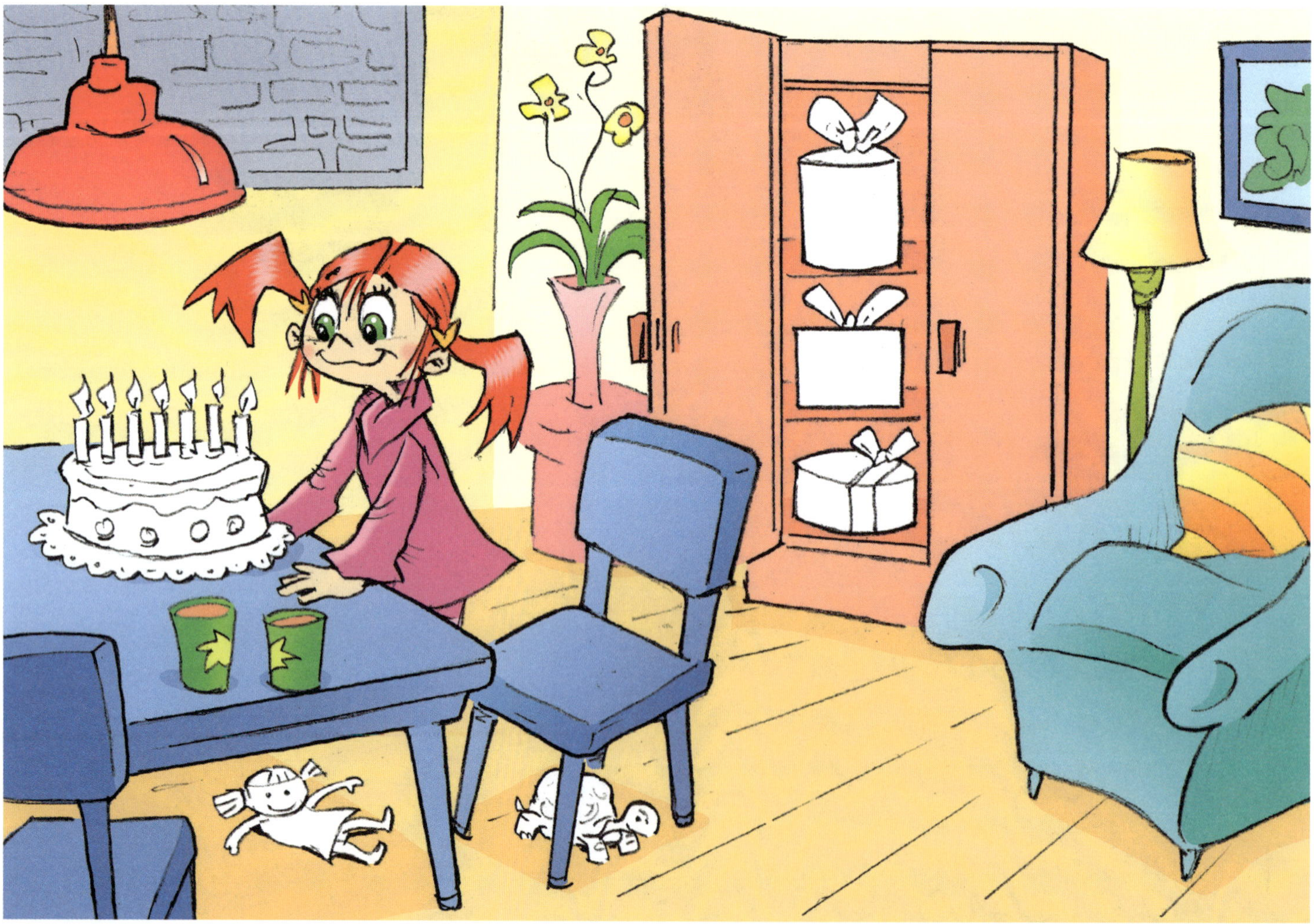

3. Écoute et chante.

Joyeux anniversaire

Aujourd'hui, j'ai sept ans.
Aujourd'hui, j'ai sept ans.
Aujourd'hui c'est mon
Anniversaire
Joyeux anniversaire.

LES GUIRLANDES D'ANNIVERSAIRE

a. Découpe des bandes de papier.

b. Colle les bandes de papier.

c. Accroche la guirlande.

Leçon 1 Il y a des crêpes !

1. Écoute et montre.

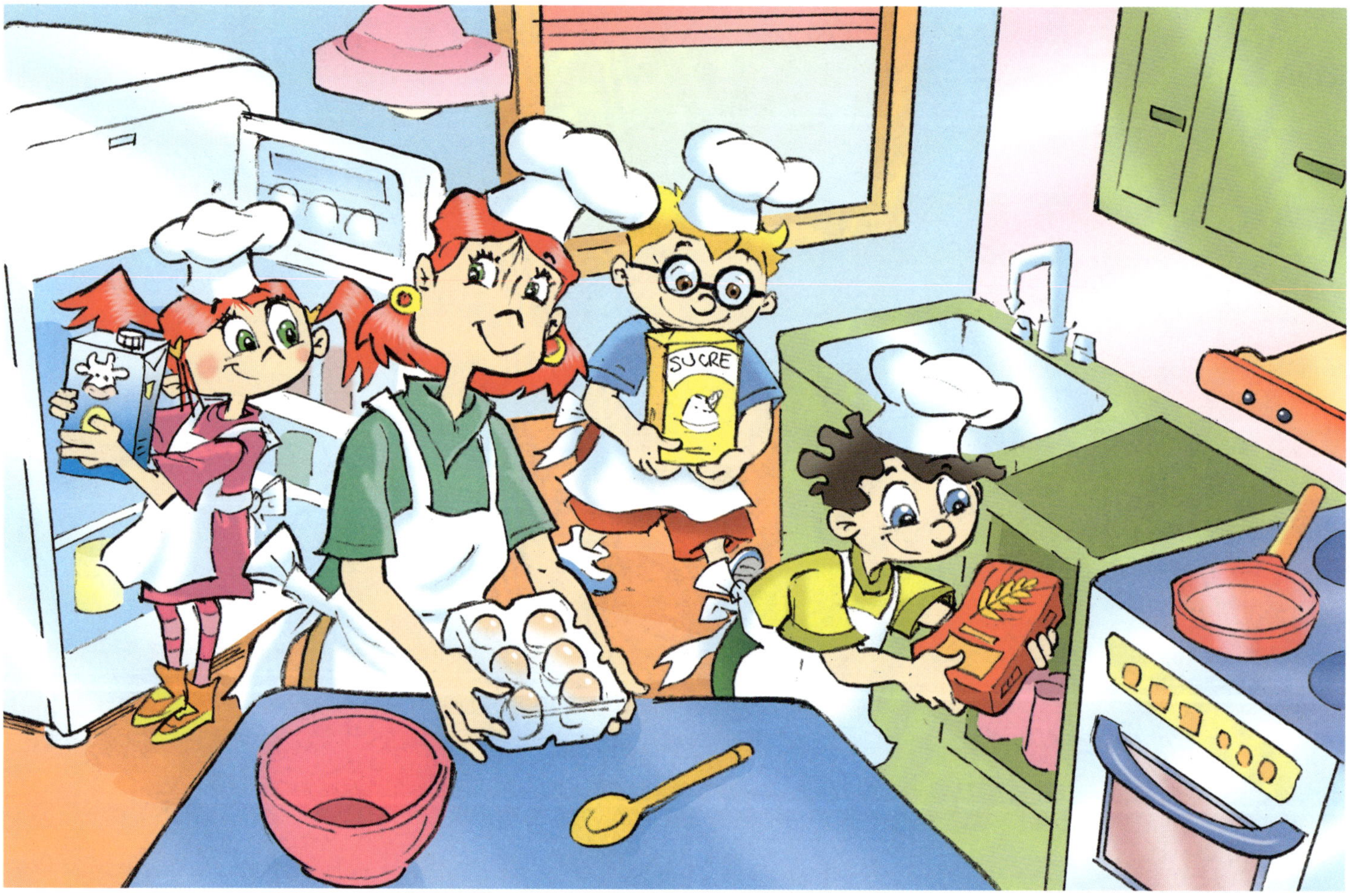

2. Écoute et entoure.  a. b.

3. Écoute et numérote les étapes de la recette dans l'ordre.

a.

b.

c.

d.

e.

f.

4. Joue. Devine.

Leçon 2 C'est le petit-déjeuner !

1. Écoute et montre.

2. Écoute et chante.

Le petit déjeuner, c'est bon
Le déjeuner, c'est très bon
Le goûter c'est pas mauvais.
Le dîner c'est bon.

3. Écoute et entoure.

1. a.

b.

2. a.

b.

3. a.

b.

4. a.

b.

4. Trace.

le déjeuner - le dîner - le goûter

Leçon 3 Je verse le lait !

1. Écoute et montre.

2. Écoute et coche.

1.

a. ☐

b. ☐

2.

a. ☐

b. ☐

3.

a. ☐

b. ☐

4.

a. ☐

b. ☐

3. Joue.

Leçon 4 La farine, c'est mauvais

1. Trouve les 4 différences.

a.

b.

2. Écoute et numérote.

3. Écoute et chante.

Aujourd'hui
il y a des crêpes !

Aujourd'hui il y a des crêpes,
maman c'est très bon.
Des crêpes au chocolat,
papa c'est très bon.
Une pour moi, une pour Tom,
une pour mon copain Gabi
Une pour moi, une pour Tom,
une pour nous trois.

LA TOQUE DU CHEF

a. Découpe une bande de carton.

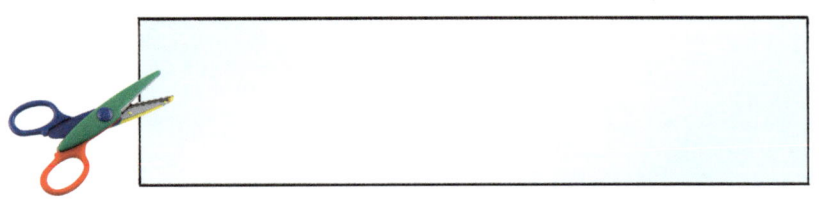

Petit Chef

b. Écris.

Petit Chef

c. Plie une bande de papier.

d. Colle le papier sur le carton.

e. Ferme et colle le carton.

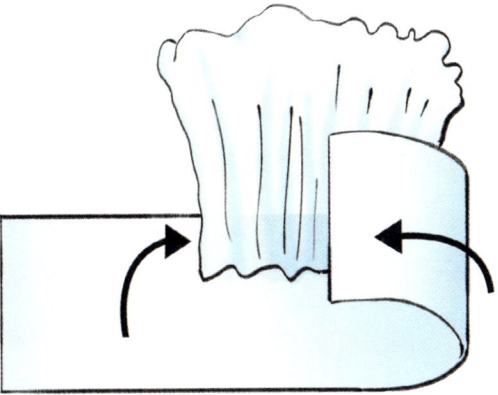

Leçon 1 J'aime ma ville

1. Écoute et numérote.

2. Écoute et chante.

Dans ma ville il y a un grand parc
Dans le parc, un supermarché.

3. Observe et dis.

Qui est au parc ?

a.

b.

c.

d.

4. Écoute et colorie.  **53**

Leçon 2 Combien ça coûte ?

1. Écoute et montre.

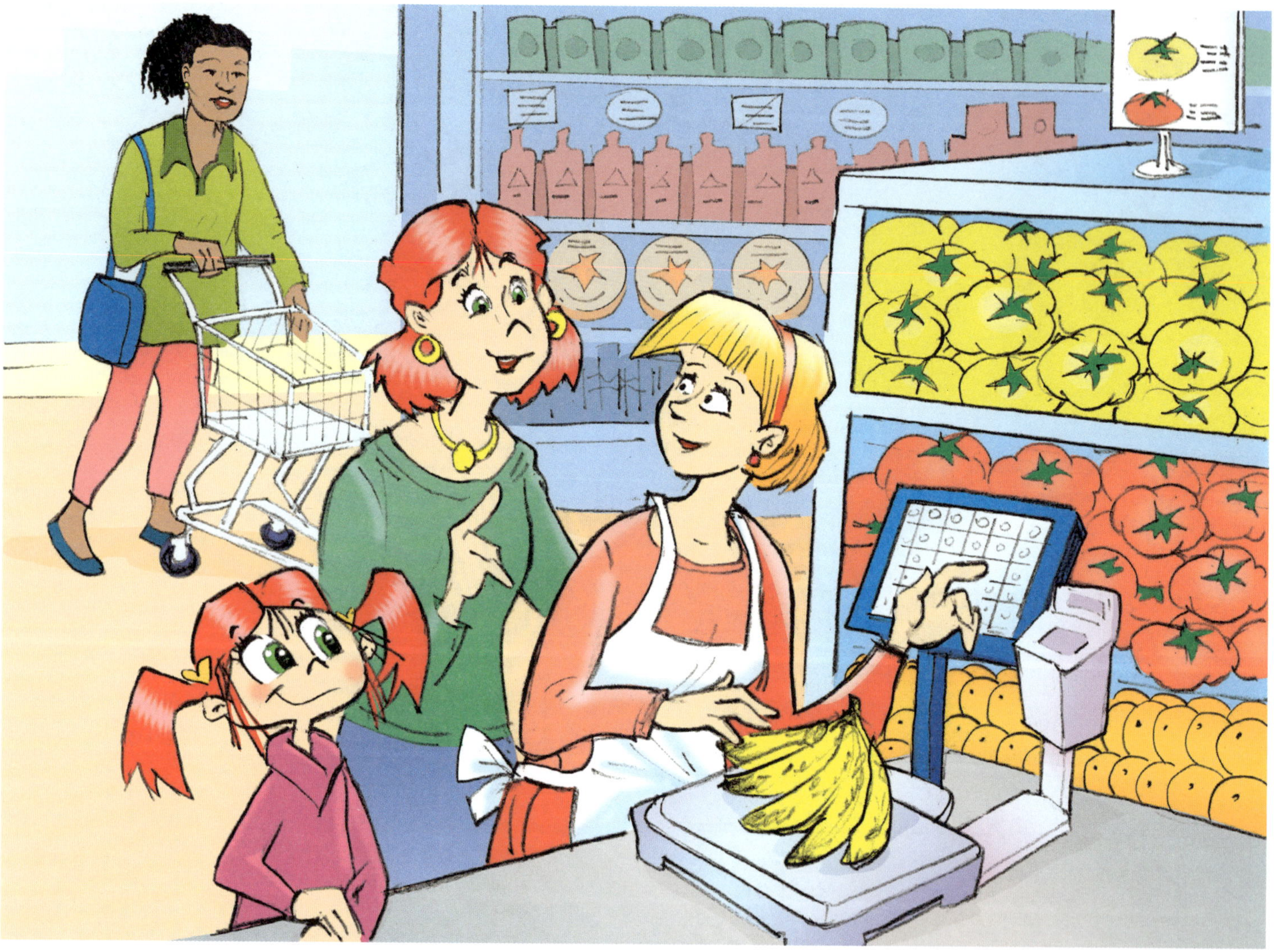

2. Écoute et relie.

5   6   7   8   9   10

3. Écoute et écris le prix.

1.

2.

3.

4. Joue à la marchande.

Leçon 3 La bibliothèque

1. Écoute et montre.

2. Écoute et trace le chemin de Nemo.

3. Joue.

Leçon 4 Clémentine est à la piscine

1. Écoute et relie.

1.
2.
3.
4.

a.
b.
c.
d.

2. Trouve les 5 différences.

a.

b.

3. Écoute et chante.

Mambo des fruits

Mambo, mambo
J´aime les fruits hé
Mambo, mambo
J´aime les fruits.

TUTTI FRUTTI

a. Prends une assiette en carton.

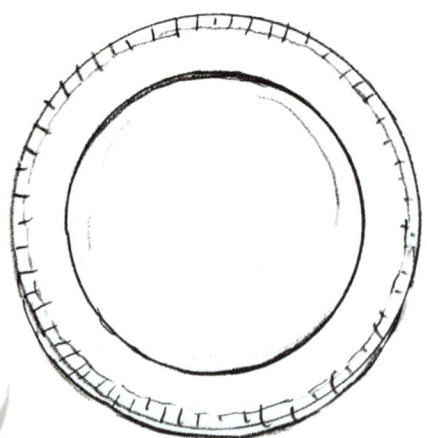

b. Dessine une banane et une orange.

c. Colorie.

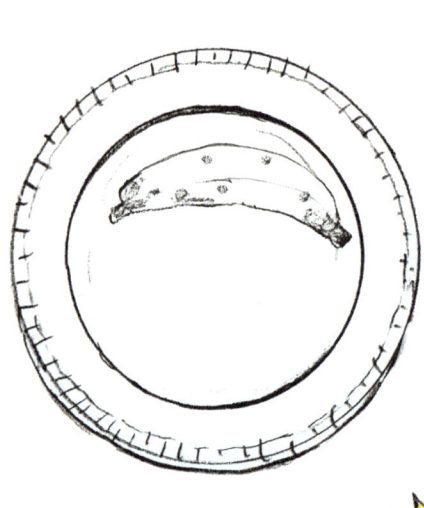

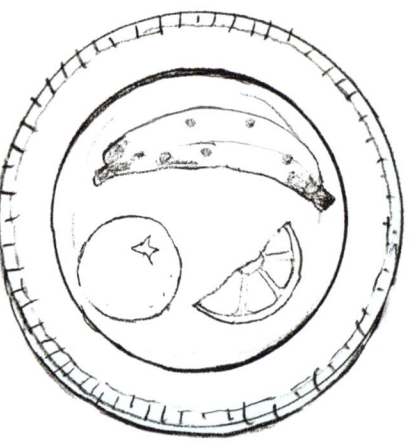

d. Découpe.

e. Colle.

Leçon 1 En été, il fait beau

1. Écoute et montre.

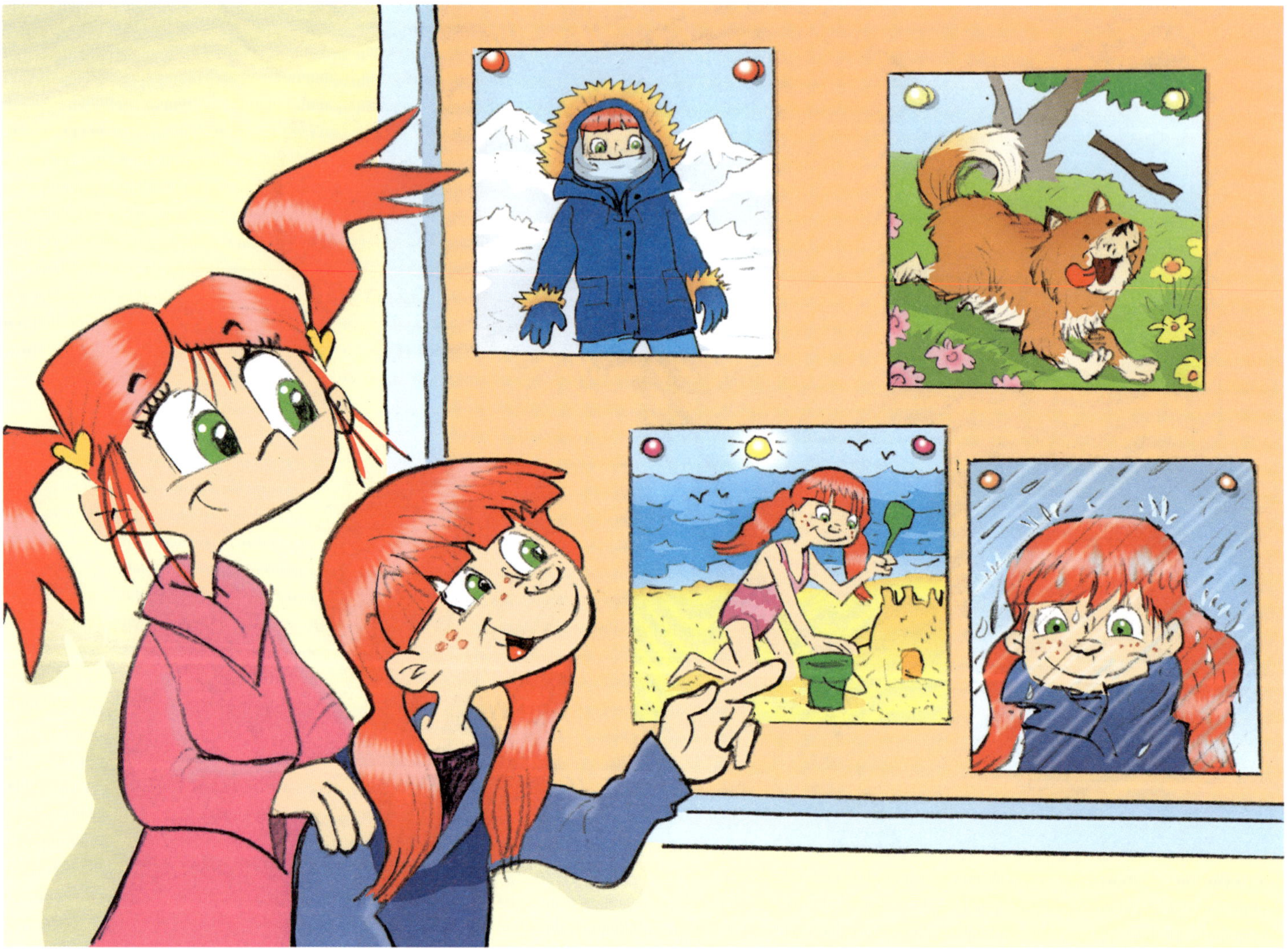

2. Écoute et numérote.

3. Écoute et relie.

1.

a.

2.

b.

3.

c.

4.

d.

4. Trace.

la ville – le parc – la plage

Leçon 2 Dans le zoo

1. Écoute et montre.  64

 65

2. Écoute et chante.

Les animaux du zoo
Cha, cha, cha des animaux,
Des animaux du zoo
Cha, cha, cha des animaux
Des animaux du zoo

3. Trouve les animaux et compte.

4. Écoute et colorie.

Leçon 3 Clémentine à Montréal

1. Écoute et montre.

2. Écoute à nouveau et entoure.

Dans le Biodôme, il y a :

a.

b.

c.

d.

e.

f.

g.

h.

3. Écoute et joue.

Leçon 4 Thomas est à la plage

1. Écoute et numérote.

2. Écoute et relie.

1.

a.

2.

b.

3.

c.

3. Écoute et chante.

C'est les vacances

C'est les vacances,
aujourd'hui
Bus, avion
Train , voiture,
c'est les vacances.

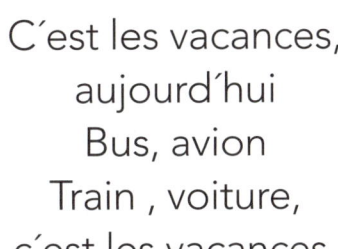

LE POSTER DE LA CLASSE

a. Découpe une grande feuille.

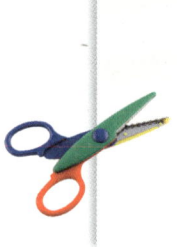

b. Colle les photos.

c. Décore ton poster.

à emporter :

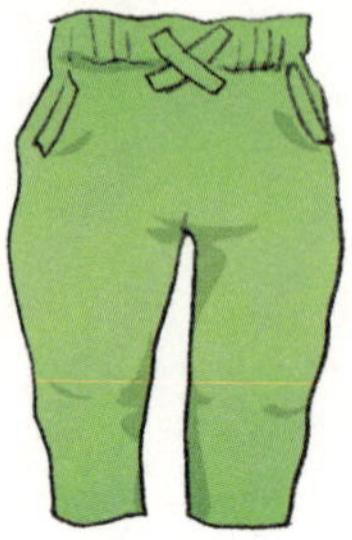

le pantalon

le manteau

les chaussures

NOTRE CLASSE EN VACANCES

Il pleut

Gabi aime la natation

Clémentine aime le foot

le bus

JEU DE L'OIE

DÉPART

Crédits photographiques

Adobe Stock

p. 5 Samuel B – p. 6 g Olga Galushko ; ht g merla ; ht m gmstockstudio ; ht d luna ; bas g Cello Armstrong ; bas m sima ; bas d auremar – p.9 ht g Alberto Masnovo ; ht d pikselstock ; m g Yanukit ; bas g Lulu Berlu ; m d Daylight photo ; bas d StockRocket – p.10 Carsten Reisinger – p.12 g ALIAS ; m g Milles Studio ; m d cynoclub ; d GraphicCompressor – p.15 guukaa – p.17 g Samuel B ; m valiza14 ; ht MaMi ; bas lotosfoto – p.18 vectorfusionart – p.19 Dragonimages – p.20 Lubenica – p.26 ht Julián Rovagnati ; m EVZ ; bas Vely – p. 27 ht g smarco ; ht d Luis Carlos Jiménez ; m cipariss ; bas g Steve Lovegrove ; bas m Lyubomir Borisov ; bas d bilanol- p.28 ht Africa Studio ; bas Natis – p.29 ht Africa Studio ; bas LanaK – p.30 g bas juliko77 ; g ht delkro ; d Stanislau_V – p.31 ht WavebreakMediaMicro ; m Sergey Novikov ; bas Patrick Foto – p.33 ht g Juri ; ht d afishman64 : m g Subbotina Anna ; m d goodween123 ; bas g Andreas Gradin ; bas d dule964 – p.35 ht g Ljupco Smokovski ; bas g Roman Stetsyk ; ht d svetamart ; m Syda Productions ; d Julián Rovagnati – p.36 ht g Juri ; ht m Shmel ; ht d ra3m ; bas g Rodenberg ; bas m Elnur ; bas d Aleksandr Bryliaev – p.37 g Aleksandr Bryliaev ; m svetabezu ; d Katrina Brown – p.38 seanlockephotography – p.42 ht g Monique Pouzet ; bas g Mariusz Blach ; d viperagp – p.43 ht g Pictures news ; ht d PhotoKD ; m ht g illustrez-vous ; m ht d Mara Zemgaliete ; m g PhotoKD ; m d Pictures news ; bas g Pictures news ; bas d illustrez-vous – p.45 ht g arsdigital ; ht d Simone van den Berg ; m ht g SoniaC ; m ht d robynmac ; m g Andrey Kuzmin ; m d Narong Jongsirikul ; bas g Davy Bailey ; bas d ALF photo – p.45 Peter Atkins - p.47 ht g jure ; ht m PlanetEarthPictures ; ht d olalalala ; d eugenegg ; m eugenegg ; bas Alusha – p.48 Dave_Pot – p.49 Sergiy Bykhunenko – p.53 g DyMax ; m Miroslawa Drozdowski ; d denira ; p.57 ht g Tatyana Gladskih ; ht d william87 ; g highwaystarz ; m Studio Gi ; bas g Ewa Brozek ; bas m g volff ; bas m d nata777_7 ; bas d svetavo – p.58 fotomatrix – p.59 Ekaterina – p.60 g david_franklin ; m K.-U HäBler ; m d Tatyana Gladskih ; d bravissimos – p.65 ht g Eric Isselée ; ht m g mdorottya ; ht m d ksena32 ; d Eric Isselée ; bas g serge simo ; bas m g nattanan726 ; bas m d cynoclub ; bas d Chlorophylle - p.66 g ArTo ; m Brad Pict ; d Jag_cz - p.67 ; ht g mimagephotos ; ht d micromonkey ; bas g MangAllyPop@ER ; bas d Shmel ; bas ARochau – p.68 g cromary ; m Alex Green – p.69 Eléonore H.

Directrice éditoriale : Béatrice Rego
Édition : Brigitte Marie
Conception maquette intérieure : Dagmar Stahringer
Mise en pages : Christine Paquereau
Illustrations : Oscar Fernández
Couverture : Dagmar Stahringer
Enregistrements : Vincent Bund

Achevé d'imprimer en Espagne par Macrolibros en février 2018
Dépôt légal : février 2018 - N° Projet : 10242557